Dónde pondrá la muerte su mirada

Odalys Interián

Lyrics & Poetry
Editions

Dónde pondrá la muerte su mirada
© Odalys Interián 2019
© Lyrics & Poetry Editions

Vendrá la muerte y tendrá tus ojos

Cesare Pavese

A la memoria de mi abuela.

Índice.
LA POETA Y LA MUERTE COMO DESAFÍO
José Hugo Fernández García.

Nadie vendrá ahora salvo la muerte

Dónde pondrá la muerte su mirada /93

Biografía

LA POETA Y LA MUERTE COMO DESAFÍO

Tal vez tenía razón Pascal cuando advirtió que es más fácil soportar la muerte sin pensar en ella, que soportar lo que se piensa y se siente ante la muerte de un ser amado. Odalys Interián dedica el poemario *Dónde pondrá la muerte su mirada*, a su abuela, alguien con quien afirma haber estado unida mediante muy especiales nexos de amor y admiración. Cada poema de este libro, cada verso, es síntesis apasionada del drama que sin duda debió sufrir la poeta. Y es al mismo tiempo un venturoso intento por condensar lo más exquisito que se haya escrito en torno a la muerte, desde la Epopeya de Gilgamesh hasta hoy, lo cual no es poco y no excluye a ninguno de los grandes clásicos de todas las épocas.

Resulta sumamente difícil sostener el pulso a lo largo de más de sesenta poemas dedicados a un mismo tema, sobre todo a un tema tan desgarrador como la muerte, sin que decaigan el ritmo ni el magnetismo de la obra. Se precisa no sólo de motivaciones bien hondas, sino de una profusión poética inagotable y realmente infusa, como la de Odalys. En la primera y más extensa parte del libro, *Nadie vendrá ahora salvo la muerte,* dedicada a la abuela, igual que en su segmento final, *Donde pondrá la muerte su mirada*, homenaje a la gran poe ta costarricense Eunice Odio, Odalys denota hacer suya la máxima de Pascal, en tanto da cuerpo al enorme agobio, a veces rayano en la desesperación, que le ocasiona soportar la muerte de seres entrañables (*...porque sí es mal oficio/eso de andar diciendo la verdad/diciendo que no hay muerte/cuando te mueres/cuando se cortan de un tajo los destinos/y es tan inútil todo/el miedo/la luz/la desgarradura/el viejo símbolo...*). Sin embargo, ni siquiera esa angustia parece ser más lacerante que la confusión, el desconcierto que provoca en la poeta la imposibilidad de absorber cabalmente las derivaciones del deceso (*Nadie puede decirme/este es el silencio/esto es la piedad/...Nadie puede decirme/esta es la compasión/este es el camino circular/hacia la muerte...*)

En El libro de los filósofos muertos, de Simon Critchley, se cuenta una anécdota, posiblemente apócrifa, según la cual cierto personaje de los tiempos de Confucio quiso que éste le hablara sobre la muerte. A lo que el célebre sabio chino respondió: *Si no comprendes la vida, ¿cómo esperas llegar a comprender la muerte?* Desconozco si en medio de su agrio luto a Odalys Interián le alcanzaría el tino para tener presente esa lección. Tal vez ni siquiera le habría interesado hacerlo. Lo que sí me parece evidente es que la perplejidad bajo la que demuestra haber escrito la mayoría de estos versos, actuó como propulsora de los momentos más sublimes del libro (*Quedarse en el tísico desmayo de la tarde/en el adiós /entre la ausencia y la palabra/como está escrito: en paz de nadie).*

Por lo demás, no es un secreto que la muerte condiciona en sí misma un impar acto poético, por sus intrincados misterios, por las emotividades que genera, y porque a pesar de los pesares, la belleza también flota sobre el horror como el cielo sobre los cataclismos.

En todo caso, corresponde a los auténticos poetas moldear los condicionamientos de la muerte, convirtiendo su deriva de irremediable dolor en cordial viaje hacia la trascendencia. Es lo que ha hecho Odalys Interián con este libro. No gratuitamente expresa en versos memorables: *Los poetas resisten/siempre resisten/el espanto primero de la lucidez.* Y luego de haber resistido ante ese espanto, ¿quién dudaría de su disposición para asumir la muerte como otro desafío de la poesía? Uno más. Esencial si se quiere, pero ni más ni menos.

José Hugo Fernández García.
Miami, agosto 31 de

Nadie vendrá ahora salvo la muerte

Nos acosan los muertos vueltos de repente.
Sostenemos sin aliento su mirada / pidiendo
en secreto /que alguien abra la puerta,
traiga un café, /sepulte otra vez a los muertos.
Santiago Kovadloff.

Y la muerte qué era

Así, la escucho y la contemplo,
en el fragmento de ángel que
me espera por detrás de la muerte.
Gastón Baquer.

En su enfermedad y ritual
en ese estar de las palabras
en esa sacudida va la tarde.
En esas neblinas melancólicas
donde el silencio
teje su último presagio.

Es de noche /no puedo ayudarte
Es de día, no puedo ayudarte.
Magali Alabau.

Y no dije no
dije esperemos.

Yo quería alargar la muerte
alargar el minuto de muerte final
el soplo que vive en nosotros
el fruto pródigo de esa luz
que escapa de los vértigos.

Quería que respirara

y no dije:
la ausencia es un perro rabioso
que viene y despedaza
La muerte es esto:
una anticipación.

Hospital Palmeto
Octubre 2017

Me preguntan por cada cicatriz

yo no puedo decirles /no puedo:

esto es una piel
esto un tramo de memoria vacía.

No podía decir /aquí hay un ser
esto es un órgano
en este espacio había dos riñones
aquí un corazón.

Tampoco podía decir /esto es el miedo.
Un latido no podía aliviarme
ni aliviar el golpe
la rutina tremenda de la luz.

No podía recomponer esa figura en el espasmo final.

No podía decir /esto es un fin
esto /una palabra liberada de todo y de mí.

Pesa el silencio
y la luz

las fijas estrellas
que se desorganizan

la neblina infinita posándose
sobre este cuarto.

El corazón en su peor abismo esperando
esperando los ojos
                    esperando
en el centro del mundo

un estertor
una viva que es muerte.

Hablan

hablan de la muerte

de ayudarla a morir
sin saber lo que quiere.

Sospechan que saben
y deciden que sí
que ha llegado la hora.

Nadie quiere esperar
sola la muerte espera
impaciente.

Ah /esas bondades de la muerte
y de los hombres
esos largos plazos de impiedad
recíproca.

Ellos se aplauden.

Nadie puede decirme

este es el silencio
esto es la piedad.

Nadie puede.

Algunos piensan en rendirse
yo no /a pesar del cansancio
de ese manojo de tormentas
aventadas
de esta espiral terrible
que se ha vuelto la noche.

Nadie puede decirme
esta es la compasión
este es el camino circular
hacia la muerte.

Dejen de decir
esto es la realidad
y no hay otra.

Esto es un cuerpo
respira   /sangra   /se duele.

Dejen de poner agujas.

Dejen de extraer el último fragmento
de sangre mínima.

Dejen de insistir /de jugar a ser Dios

esto es un campo de exterminio
este un cubículo de horror.

Hay vida
una mano me agarra
ojos que suplican: /no me dejes aquí.

Rápido se deshace

se desangra
se queda sin mí.

Rápido   /un mal presentimiento.
Auxilio   /auxilio
no quiero ver ese color morado bajo la luz.

No quiero ver esto que está creciendo entre las dos

un desmayo   /pronto   /pronto
por favor   /por favor
la puerta cerrándose
esto es una jaula   /esto es aire viciado
azufre y alcohol
ojos
        sin voces
                    sin ecos
                        sin sílabas
naufraga
                naufrago

esto es una imposibilidad
un desgarre
                un parto de agonías

esto /es peor que la muerte.

Desde esos ojos

vi todas las espadas de una queja
abrirse

marcar con su tristeza
dolor   /dolor
un letargo.

Aquí duele la luz
crece la impunidad
un cuerpo
en el lado izquierdo de la sombra.

Aquí los tiempos del poema en su crucifixión.

Aquí está la luz y la palabra
como incienso de ofrenda
subiendo a Dios.

Estabas mutilada
exhibirte querían.

Un frasco de formol para tus ojos
un tramo de piel rota.

Querían deshacerte

Ellos
en la dispersión de las palabras
solícitos   /aligeran el horror.

Estoy   /estás
bienaventurada en los olvidos
y las oscuridades.

La flor exuberante de la muerte
se lee en ti.

Todo eso va a borrarse ante /tu respiración
la muerte, no
Nicole Brossard.

No podían negarlo
estúpido era creer
tratar de convencerme.

No podían decir en el último minuto

esto es una verdad.

No podían saber
qué músculo infértil de la luz soportaría
la vieja estrategia del destino.

Nada podía borrar esa aberración.

La muerte y su silencio.
La muerte y tú:
una fotografía.

Detrás de los párpados
la noche alargándose
solo sombras en su masacre
apocalíptica.

Duermes
ellos espían
                    rondan
van y vienen
sus pasos perduran
                    ruidosos
en la noche

ellos obsequiosos
duermen la esperanza en ti

la entierran lejos.

Hay que desampararse
del asombro
escuchar la luz
hasta que arda en su semilla.

Jamás podría desprender
mi corazón
desentenderme.

Estuve en cada tormenta
aun pataleo
               aun grito
sigo gritando.

Me quedo como Dios
recojo la expatriada figura
de tu sombra
las inútiles migajas
rondando los abismos
los estériles verbos
de la oscuridad.

Tú y yo aquí
en los dos horizontes partidos de la tierra
escuchando el grito amargo
la diminuta selva del corazón ardiendo.

Tú y yo en la alambrada
solas en los crepúsculos solos
en una intemperie masiva de oxígeno
donde falta la luz.

Ahora se congelan las visiones
en ese pasto de incendio
mientras miramos la noche en su última semilla
las figuras del tiempo en su inmovilidad
perpetuándose.

Dos en las vacías vertientes del miedo
en el espectro roto de las últimas plegarias.

Latido a latido se escribe el poema
fértil es la palabra que logra izarse
sobre el silencio y los escombros
sobre la humareda vencida de la muerte.

Tú y yo diminutas

en ese aire enfermo de la poesía
respirando el cuerpo silencioso
del dolor
bebiendo de sus cruces
los enhebrados silencios.

La palabra que se aferra
no es tuya /ni es mía
sabe de inarmonía y viejos deseos
de la infancia primera de esa lluvia
del corazón doblado
en su admirable sombra.

La palabra en su ardua ceremonia
sabe mentir.

Tú y yo en las reciprocidades
cantando al unísono
mientras esperamos
que estalle el diluvio prodigado
los fuegos de Dylan
los eternos cuervos de Poe
en su extrema ceniza.

Cómo decir dolor
sin que mis manos sangren.

Cómo decir la vida
sin que el llanto vaya
en sus vocablos feroces.

Cómo decir la muerte con sonrisa
sintiéndola.

Cuesta tanto decir
bajar una estrella hasta el verbo
plantarla
tocar la imperceptible forma
del pájaro nocturno
el amor sobre el hierro de la felicidad
la ternura que se espera.

Aquí suena el frío
y la soledad
el catastrófico holograma
que viene del silencio
y las ausencias.

Estoy de pie por ti

estoy
en la aislada memoria
donde se quedan los ruidos
de la muerte.

Allá se va el corazón
en un corpúsculo de aire infinito
mece la sed
la maroma estridente de la vida.

Serás /cuando la luz acabe
y esa ilusión sonora del futuro
cierre la herida irreparable.

Estoy por ti
tendiéndome en la oscuridad
sembrándome
en el último sonido de tus huellas.

Sigo en amarga procesión
en sus perennes jaurías
hilándome
en las cuerdas gastadas
del crepúsculo.

Aquí se quedan
los lirios pequeños del sol
un agua en su cristal agujereada
esa masa de unicornio que huellan
las soledades
el pantano de esas luces
donde sigo hundiéndome.

Aquí los mismos espejismos
cadalso y guillotina
la madre decapitada en los cercos del aire
el verdadero nacimiento del dolor.
Todo en su orden
en su presurosa caravana
de nuevos augurios.

Tus ojos tan reales

tus ojos en su nido
y hondura
en el braceo interminable.

Inserenos como la tarde
amalgamados
en la crudeza del sol
en esos silencios
que estallan como el mar.

Ahora es huérfana la luz
sigue la lluvia en su pequeño escombro.

Ahora es el siempre.
El corazón cayendo
como una quirnalda en el agua.
El corazón mecido en su llorosa eternidad
en la médula sin fin de las palabras.

No puedo salirme
de esos ojos
husmeo en ellos la claridad.
La abierta cicatriz sobre el amor
el zócalo de sombra impenitente.

Estar en ese trozo de plegaria
desconsolada
vibrar en su ronda
                      fecunda
en ese espacio sin tiempo
que sigue borrando el
                    no-poema

que nace del dolor
y la visión frenética.

Entrar en la rigurosa patria
de los condenados
para ver cómo crece en ti
el trazo riguroso de la muerte
la muerte /muerte
en su germinación.

Todo hacía silencio para escucharte

Aquí estamos las dos
solas
en ese aire
en que se hunden las palomas
que alimentan la tarde.

Tú y yo en la estampida sonora
en el discurso hiriente
en el preámbulo sordo
que abre las vísceras.

Aquí los tigres disolutos del silencio
huelen la sangre acorralada.

Nada se inclina
solo la oscuridad.

Ahora la noche cae
humillada para siempre.

Tú mi espiral
la bestial mañana
que sigue repitiéndose

en la nada tú
en la noche sin noche
en el latido
errante y misógino de la luz.

Los cielos empinándose
Tú en mi yo
Tú mi sangre
Túmi
    viva
despojadora

asesinada
        en tu raíz

Lanzada a ese pequeño horizonte
de la muerte
tu desdoblada realidad
llenando de silencios
mis heridas.

Aquí pudieron exhibirnos
en el mismo cubículo
indoblegables
oyendo el ruido único
de nuestros huesos
la marea infértil
y desconocida del tiempo
aislándonos.

Sacrílegas
bajo el espanto de las palabras
en los silabiantes reflejos
entre las burbujas oscilantes
de la oscuridad.

Desbordando
esa polaridad de la luz
que atraviesa el poema
a mímica esplendente
y cautivadora de la muerte.

Que salte

que se ponga de pie
que ría
que llore y se contagie
que aparte la basura que es la muerte.

Apártate
aparta la madeja que es la oscuridad
la escoria lúcida del tiempo

esos mundos frágiles
donde los condenados olvidan sonreír.

Escapa
sal de esa fiesta grave que es la soledad.
La soledad es esta abundancia
llena de silencio y de muerte.

Desapiádate
                huye.

Deja los ojos invertidos hacia dentro
ponlos también en mí
te guiaré al único paraíso.

Abuela /No entres en esa noche.
La vejez debería delirar y arder
pero falta el deseo
el músculo caliente del amor
la última inquietud
la fragilidad no puede
no puede con la noche
con el minuto asolado de la muerte.

Los locos sí /ellos se guardan en lujosos desmayos
derrama su vena las fantasías luminosas
los signos abiertos de verdad.
Ellos cargan sus culpas sin dañarse
estallan en su vicio de horror solemne
arden en paz
sobre la tierra de los derrumbamientos.

Los poetas resisten   /siempre resisten
el espanto primero de la lucidez.

Rebélate también   /no entres   /no cedas mansamente
deja que la luz en su cordaje disuelva el día difícil.
Vacila   / duda   /reniega
de esas sombras que te duermen.
La muerte es nada /un frío apenas
un recorrido diario dilatado
en la entalladura real de los cuerpos
un mito apenas: viviente.

Hoy no hablaré
estaré callada
oyéndote en silencio maldecir
cuando digas la claridad hiere
y el sol es un veneno silencioso.

No hablaré   /cerraré la ventana
dejaré sobre el tapete las flores de tus muertos.

No hablaré
tampoco escribiré como pedias

porque sí es mal oficio
eso de andar diciendo la verdad
diciendo que no hay muerte
cuando te mueres
cuando se cortan de un tajo los destinos
y es tan inútil todo
el miedo   /la luz /la desgarradura
el viejo símbolo

cuando es tan inútil todo
hasta la poesía.

Morirse o no
quedarse en el espanto

en el miedo tristísimo
que barajan los días.

Tapar los ojos con más luz
y una memoria ajena.

Esperar no sé qué
una resurrección
un último minuto

para ver como arde el sol
en su escasa llovizna de inmortalidad.

Quedarse en el tísico desmayo de la tarde
en el adiós   /entre la ausencia y la palabra
como está escrito: *en paz de nadie*.

Dónde pondrá la muerte su mirada
en ti /en el montón de párpados infieles

en la cabeza que reposa tranquila
como un viejo horizonte.

Conozco su contorno
la apopléjica luz en su desmayo.

Semilla de Dios
como creces
la soledad te cruza
abre un laberinto
un mazo de plegarias.

Alguien reza
y ahora /qué va a pasar ahora.

Esta es una muerta

los otros difuntos están de pie
sobre el aire marchito del silencio
bendiciéndome.

Esta habiendo doblado
hacia la frialdad del minuto filoso
sigue derramándose
gota
        a gota
               cayendo
sobre mí que escribo.

Escribo el silencio
los próximos prodigios.

Esta muerta se repite
estalla dócilmente
se queda conmigo
en la fosa común del tiempo
cercano.

Solo el amor sobrevive.
dijo el poeta:
solo la muerte es encuentro.

Muerta ya
en el aire esa simulación

de qué hablan   /no era un latido
era la muerte exacta a sí misma
la muerte   /muerte
juntando las migajas de pan
sobre la mesa
las fichas del rompecabezas
un temblor de palomas
de vientos en sus mástiles.

De qué hablan
la muerte es la única realidad
como un animal alimenta la rutina
el vértigo minúsculo de la luz.

Esta muerta tendiéndose
sobre un lecho de girasoles
apagados
sobre el silencio
que va multiplicándola.

Cuelga la muerte
tan blanca
como un ramo de azucenas
congeladas.

Hoy la letra es casi sombra
casi llanto
un aire envenenado que se esparce.

Las palomas no pueden iluminar ese instante
que antecede a la caída de la luz.

Ellas no pueden respirar el mazo de plegarias
los nudos ociosos del silencio hilándose

el carrusel de muertos que gira
rompiendo la penumbra.

Sin ti
sin tu flor de silencio.

Se amontona la realidad
los olores nauseabundos.
No hay viento en que vengas
maniatada.

Perdonarás tú
el milagro redimible
el bautismo definitivo de la muerte.

      Morir
parir la muerte
multiplicarla
La muerte muerte /irremediable.

La muerte es un animal de sangre ajena
un agitado espasmo del aire
en su mitad
la oscuridad en su péndulo
una abierta cicatriz sobre el amor.

Siempre la lluvia

esa alta dosis de futuro
para organizar el pequeño espacio
la llamarada pacífica
donde se esconde el ser.

Toda esa lluvia viene a llenarse de ti

debajo del silencio hay otro cielo
solo tú lo encuentras
solo tú.

Samaritana

escucho la verdad
giro en la sensualidad castrada de la luz
en esa medianía de la noche infinita.

Qué indiferencia
qué siete mentiras
habré de perdónales.

Aquí se raja la penumbra
desciende un pan amargo
el granizo inmenso de la tarde
en su rutina.

Dedal la muerte
el hilar indiferente de la muerte
y tú en la arboladura final
sobre la pira.

Yo recojo el descolor vertiginoso
de todos los crepúsculos
incinerados en ti.

Que vuelva el silencio a su primera lluvia

Aquí abre el dolor una corriente
somos el sitio
aquí se apuntala la llovizna
esa sordera lujuriosa del destino
ese discurso disfrazado
de la muerte

qué nos añadirá
qué candor
qué nuevo fruto en su impiedad.

Aquí un ser en su última plegaria
en su miseria
en su resplandor sin Dios

estoy velando el cruce inevitable
ella en posición fetal
abandona la noche
yo busco regresarla.

Lo solidario no es la noche

allí se quedan las cosas abortadas
los deseos sin formas.

Astros que se evaporan
en medio del rocío.

la palabra como un plomo
cayendo

la sangre de todos numerosa
expuesta al animal.

Nos beberá.

Abuela que bebió de la morfina

esa rara piedad   /esa muerte asistida.
Qué pensará ahora que anda sin corsé
en esa rigidez espeluznante de la muerte.

Ella que odiaba la luz
quieta ahora en la claridad impostergable
en el aire mecido del relámpago.
Qué creerá del miedo
del silencio que arropa las plegarias
de los nuevos infiernos que acordonan
la ciudad.

Ahora que va derramada sobre las luces
qué creerá del verano que hierve
del desvergonzado trazo que se inventa el sol
de todas esas mentiras que nos juran.

Qué pensará ahora
que sus ojos siguen invertidos
buscando una verdad.
Qué creerá de todo este festín
del fuego sagrado de la incineración
del funeral que empieza ahora
en los cuerpos fijos de la aurora.

Está la madrugada
sin textura   /ni pájaros

sombras cansadas alargan
el sonido de esos ecos
que afligen al amor.

Ya no hay manos
que tejan nuevos chales.

Ahora todo es silencio
donde jugábamos las peores rondas
donde armábamos castillos sublimes
desbordados de sol.

Ahora el amor es otra herida
soporta los sonidos agónicos
la ventisca que crece
apolillando la tarde
esos pedazos anímicos del sol.

Necesito orden

un silencio terriblemente colosal
donde hundirme.

Aprender a callar la bestia
el rumor insistente de todos los abismos.

La soledad es también un fragmento
de oscuridad recíproca.

Necesito olvidar
aprender a callar las voces
esos colores que tejen
y destejen
el frío.

Para todos tiene la muerte una mirada

La muerte es contemplación
un espasmo real

algo que nos va organizando
una ruta
y una verticalidad.

Es ir descolgándose
a ese nudo de abismos
que nos esperan.

Con qué lenguaje nos hablará

en qué cielo nos tenderá
bajo que luz ajena.

Para quién trae la muerte una palabra

Que camada de soles
que escasa libertad para tenderlos
que luces en sus plazos agónicos.

El amor donde está   /qué es
las dulzuras hirientes del amor
quién las respira.

Se hará la noche larga
los muertos callándose
detrás de los relámpagos.

Aquí vencida siempre:
la mano que nos lleva hacia otro reino.

en vela el nombre, en vela la mano para siempre,
desde lo insepultable
Paul Celan.

Estoy ordenándote
en ese espacio donde no cabe la luz.

Donde la sombra es silencio
un silencio tremendo
estremeciendo el corazón
y todo es esta triste rutina
un duelo
un tristísimo duelo
que enferma las palabras.

Hoy es solo lluvia lo que encuentro
para nombrarte.
        Y sigues como un gladiolo
en la forma temblorosa de la sombra.
Sigues en la misma rutina
ensordeciendo
el oscuro sonido de la sangre.

Una locura empieza

que desaliento la oscuridad
la palabra sin ti.

A mi abuela pude despedirla
esperé de pie a la muerte
para entregársela.

Así en su pequeño limbo de luz
la sostuve.

Yo velaba esas gotas de hiriente eternidad
el embeleso aturdidor de las palabras
que no fueron pronunciadas.

Velaba los vértigos
su última contemplación
los ojos despoblándose…

Y la entregué
sin saber que el dolor abría una semilla
que llegaría esa llama tranquila de la ausencia
colosal   /devoradora.

Estas palabras

como piedras hundiéndose.

Iba la letra en su catástrofe
y vuelo salobre
el reflejo sordo de la vida
en su miseria

Sermoneado el corazón
ese tramo de espuma rocosa.

Iba la verdad
el verso hilado
abriendo los crepúsculos
la cifra conciliada de la muerte
en su fuego y amanecer.

Estabas muerta y eso no mentía.

Que vanidad de vanidades
es la muerte.

que éxodo tardío
y plural
aconteciendo.

Nos quedaremos al fin
en el tramo minúsculo de la luz.

Agolpados
en el círculo de ceniza estridente
esperando la palabra
la voz que diga: /ven
y saldremos
con nuestros cuerpos vivos
vestidos del milagro
en el tramo salvado del silencio
florecientes.

Hoy es mejor que mañana pero los muertos son los que
se renovarán y nacerán cada día
y cuando intenten dormir, los conducirá la matanza
de su letargo hacia un sueño sin sueños.
Mahmud Darwish.

Ahí está la muerte
escrupulosamente puntual

está sobre la abuela
mirándola con ese ojo sereno
que se llena del milagro.

A veces viene la muerte
y es bienvenida.

Y la muerte qué era

un fino escombro sobre los ojos de la abuela.

La guadaña oscilante de la luz
desflorando un ramo de otras luces
que se palpan indifuntas.

La muerte carece de alfabetos
su madeja desnuda
siembra una soledad en el crepúsculo
solidifica la raza inconfundible
de esos pájaros de niebla tardía.

La muerte es nada.

La muerte ni siquiera es metáfora de otra muerte
y aun así nos explica.

Silencios entre la muerte y tú
entre el nuevo despertar y la promesa.

Silencios
que se quedan plagados de memorias.

Eres silencio y muerte
tierra en su libada sombra
te persigo
pero nada está más lejos que tú.

Los besos que anhelaste
son agujas que penden en sus ruidos
alguna fe se anula
algún final nos cose a la llovizna.

Mira el agua como pervierte la densidad de las causas
extrañas, el resorte atrofiado que un niño enterró bajo
la almohada y ahora hiere el profundo ombligo de la tierra.

Víctor Irún

Encontrarla

en el hondísimo reflejo del jazmín
en el gesto desbordado de la tarde
en el invierno
tejiéndome un chal
recogida en esa paz
que va desgranándola
entre frías estrellas.

Encontrarla al fin
en la helada cicatriz de la ceniza
en el canto solo de la luz.

Ahí está en su llama
el amor interminable
fábula y viento
resurrección.

No hay tierra de olvido
sobre mi corazón
esta muerta sentada ante mí
esplendente
tan nívea
gravitando en el círculo pasivo del silencio.

Esta muerta   /imposible nombrarla
sin que venga la fiebre y un poco de locura.

En qué recorrido y plegaria
se quemará la chispa de absolución
la luz redentora.

El rocío tiene un minuto de crueldad
también el cielo.

Sobre el mar arrojamos tu flor de ceniza.
Ahora el silencio te sobrevive
pero tú permaneces.
Los que se quedan y hacen signos de adiós
no lo saben.

Medianoche de la muerte
sonaron los relojes.

Allí se quedó el gesto vacío de la mano
que va siempre hacia el silencio.

Allí anda la verdad
los desnudos trazos del sol.

No hay ternura en los crepúsculos solos
en la imagen carbonizada de la muerte.

Un cuerpo lanzado a la ceniza
ahora es recuerdo.

Ahora es más lluvia este silencio.
Allí se mecen las sábanas
tan pulcras de la abuela   /tan blancas
como la leprosa claridad de los adioses.

Último acto

Y viene la muerte
vestida de verdes cenizas
de pájaros que van
sobre los andamios de humo.

Viene como un durazno
azul /petrificado
dócil sobre la lluvia
sobre el espacio intacto de la luz.

Oyeron que la muerte era un vil simulacro
pero llega impar como la oscuridad
la modorra incorpórea husmeando con sus ruidos.

Escucha esa sinfonía de madurez infinita
la vehemencia con que arde entre nosotros.

Y esta muerte quién la bebe sin dolor

Escucha los aullidos
esta generación que va por encima del sueño
plagado.

Oh míralos señor que ciegos van
sin pan   /sin luz
como mendiga anda la poesía
y el mar   /la sombra terrible del mar
como una cicatriz que ya no cierra.

Dónde irán las visiones flotantes
los cuerpos arrojados sobre la cruz del agua
los fríos sermones del adiós.

Dónde irá señor la palabra sin mí.

La muerte es solo muerte

he ido vaciándola
ciñéndola como una vieja estrella
en ese nudo ocioso de palabras infieles.

Como animal y páramo la he visto
como un pez bocarriba
flotando en el follaje helado de la luz.

El silencio es una cuerda en su sutil movilidad.
Quién nos mintió   /quién dijo "nunca"
un poco de olvido devorará a los muertos
entregados a la llovizna
masacrados en el péndulo masivo del aire.

Ah maldecida lucidez
la muerte es nada /una simulación
solo los muertos la crecen... solo los muertos.

La muerte es como los perros
persigue el gesto de la mano
hasta beber en ella las últimas migajas.

La muerte no quiere rosas
lame las figuras del aire
lame y lame el esqueleto del tiempo
los tuétanos masivos del sol.

Y seguirá la muerte
bajo la gasa infinita del recuerdo
perseguirá al hombre
el gesto sucesivo e ignorado del amor
su claridad final.

Satisfácete ilusa
en el pulimiento de las horas obligadas
tu vena infinita es del tamaño del sol
también tu pobre realidad será tragada.

Sin muerte en que vivirme

Alejandra
la tristeza es un todo
también la noche crucifica este nervio
también me acosa la vida
en su esplendente desnudez.

Saberse ángel limita   /traiciono las vísperas
la sangre de tantos corderos degollados.

Mi voz repite el ecos de otras voces
mi visión no verá otra cosa que deseo.
Sobre un fajo de abejas muertas
sobre sus siete fábulas
el corazón resiste.

También como tú
juego a sentirme Dios
desoigo el camino de la muerte.

La muerte no tiene eternidad
solo Dios la tiene

la muerte no
la muerte es brevedad
un aguijón
el lenguaje donde estuvo el odio.

La muerte es una anciana
petrificada
tras la espalda endurecida
de la niebla.

Ya no será
irán sus manos derrumbadas
sus noches infieles abortadas
sobre un montón de huesos
y duras cenizas.

Hay una edad en que el tiempo falta
como si dejara de fluir y se cortara de golpe.

Hay una edad en que nadie aparece
y nos quedamos ahí como los perros
echados bajo la escasa luz /alucinados
como se sueñan los muertos
en su tierra momentánea /sumisos.

Se está solo /solo en la cerrazón espléndida
en el hondo desastre de esas luces
que empiezan a caer.

Esta es la edad de las mutilaciones
en que el silencio nos respira la niñez total
en que nos aventamos hacia una oscuridad
inabarcable y sola.

Nadie vendrá
nadie va a venir ahora
salvo la muerte.

Quién nos resarcirá
la herida
el terrible desamparo
la palabra.

Quién sobrevive al miedo
a esos disparo cegando
los espacios vivos de la oscuridad.

Desolados seguimos
tras la alambrada desprotegida
del dolor y la nostalgia.

Aquí empieza la luz
se va haciendo un puñado
de silencio y mentira.

Dónde queda la inocencia
el corazón
aferrado a qué.

Este es el acertijo

Ustedes interrogaban
los tramos de silencios
el golpe ansioso de la claridad.

Ustedes rememoraban
un atisbo
el milagro crecido del vértigo
los desmayos.

El tiempo en su féretro desconocido
sigue como la soledad
apabullándonos
la luz no ha estado nunca
es lo que hiere y se apaga
cuando se acerca el hombre.

Mi cabeza es un incendio
abraza el reino espigado de las profecías.

Seguí el milagro de la luz
tierra soy
un montoncito de tierra
en su pequeño exilio.

Encuéntrame entre los tulipanes
entre los cielos líquidos creció mi corazón
el heno morado de la asfixia.
El gusano construyó nido en mi ojo.

Hay una tumba en mi lágrima
un silencio en su masiva desnudez
un desorden
una estela infinita de barcos que se van.

El tiempo apenas puede sostenerme
el tiempo en su impalpable espejismo
en su inútil intuición no puede dañarme.

No le creí a la vida
tampoco creí cuando dijiste:
Las palabras de la muerte
son más secas aún que su mismo cadáver.

No todo es oscuridad

hay verbos perfectos que abren
a un nuevo esplendor.

Escribo una estela de nostalgias.

Brotan palabras de todas las que soy
voces vacías de tormentas
voces que exhiben
un estruendo dulce de mariposa
enclaustrada.

La luz se queda en mí.

Qué soledad viene a lamerme.

Nada llega más que la muerte

a ese frío espacio de los cuerpos
en su silencio.

Quién mide lo blasfemo
y devorado
el sol
un tiempo dopado
en su semilla.

Quién nos mide
esa pequeña realidad de la muerte.
Para quedar así en la nada
cadáver
simulando ese reflejo tedioso
del deseo
la vida en su máscara
de agonías.

Mirar el dolor desde aquí
todo el peso del siglo
el gesto desmedido
del hombre
su boca bebiendo la rutina
el desamor.

Ahora el silencio es mi prójimo
que soledad me azuza
un avispero desmedido.

Todo es miedo y fábula
un abierto color sobre las luces

un llanto hundido en su espiral de llanto
un seseo que pudre bajo el grito.

Sentir el sol
los ecos luminosos
las voces ensordecidas
en su rumor y plegarias.

También el mar
las retamas temblando
los candores de la llama sola
en su crespúsculo
el remolino pobre de la luz
en su frescura.

Todo ese milagro
llenándose de ti
un rosal en lo abierto
y desgajado del silencio.

Donde se dice paz
inventaron
un racimo grotesco
pólvora y aire.

Debajo de los doce girasoles
que imitaban el sol
la ciudad sin forma
los nueve monstruos
del dolor
decapitándonos.

Donde se dice paz
se levantan banderas
muros
hay ciertos desórdenes
perpetuándose.

Y me quedé en el roce de la letra

en esa pasión que balbucea el silencio.

No supe darme
el verbo era veneno de los dioses
y lo bebí.

Aquí está un ser
en su traslucida agonía
cercenada pero viviente.

Viviente.
Esto es lo que soy
una compulsión
un mazo de fragilidad
expuesta.

Hombre sé mi absolución
pon tu corazón en la sílaba   /en el alba
en la letra emancipada que trasciende.

Qué secreto irá revelándose después de mí.

Cuándo la muerte interrogue
diremos qué.

Quiero golpear un mar

un mar
el agua
esa tempestad de náufragos
sobre las luces

la luz en su pequeño escombro
esos desgranados crepúsculos
sobre la muerte.

Quiero golpear la muerte
golpear el aire sucio sobre la ciudad.

aire de pólvora   /aire de sangre
poesía para golpear
un golpe
extendiéndose
otra verdad
alumbrándonos el camino.

Lluéveme poesía

hay urgencia de ti
el silencio es esa flor masiva
de veneno
y se esparce
córtalo.

Eres la única promesa
un ramo de fiebre sobre la luz
abriéndose
un múltiple estertor
sobre el preludio quieto de esas voces
que purifican el aire.

Lluéveme   /enlódame
cruza mi sombra.
Haz que florezcan en mí
todas las cifras del amor
en su pascua perenne.

Mánchame de polen
del polen bárbaro de las luces
en su hilada plegaria y desconsuelo.

Mariposa

quiero cerrar mi párpados
quiero mostrarme
mostrar mi soledad
la ilimitada voz sin borde
en mi cabeza.

Soledad es mi nombre.

Sobre el puñado de abejas
aplastadas
está mi corazón
la asesinada plegaria
sobre el labio
la voz que destrozará a los muertos
con sus rotos aullidos.

Poesía

en esa libación
mece la llovizna

lo sagrado del viento en esa boca

mece el trigo
llama y migaja de la luz
lo torturante y bendito
del amor
en esos ojos

en el llanto sin rostro
vierte ese péndulo de oscuridad
que llueve las ausencias.

Como sombra

que pierde su sombra

se quedan las palabras
sobre el círculo morado de la luz.

Un viento disperso sobre el poema
me modeló un rostro
y una grafía

me reveló
como quien oye
en el discurso de la lluvia
el canto de todas las soledades.

Entre la vieja rima del dolor
y las tristezas
algo salvé.

Ahora todo es silencio
la casa
la lámpara que se extingue
un ruido sordo de mamparas
cayendo
la vida en su esplendente desnudez.

Apártate muerte
el frío quiere mis manos.
Ahora el espejo es esa otra pared
que hay que atravesar.

Mi raza nómada
contra la alambrada indetenible
de la luz.

Avanzaré.

No hay nada que aplaudir

somos hombres
avispados
por los sonidos del horror.

Quién resarcirá esa pandemia
que se traga la luz
quién cortará de esta cuerda
toda la oscuridad
la estridencia
de los pobres naufragios.

Dónde los trazos
los fósiles incinerados
el canto amargo de la sangre.

Dónde las uvas arrasadas
las tormentas
los tramos tranquilos del mar
devorando la esperanza
la chispa crujiente del verano
que termina.

Deja que la luz nos colme

con su pequeño espanto
hemos llegado hasta aquí
avanzaremos.

Hay odios que son tan venenosos
como el silencio
en su abierto candor.

Se siguen /se persiguen
sueños que van
de soledad en soledad
a equivocar la muerte.

Si nos dieron vida.
Quién mentirá.

Algo no dicho
desarmonizando el lenguaje

algo que decir
cuando no hay abismos
sino vértigos
cuando la luz rueda desvestida
y el sol es otro escándalo.

Algo que no digo
que no alcanzo a desmigajar.

Aquí reposa
la asesinada plegaria
esos grandes fragmentos
de oscuridad.

Tus ojos como dos palabras
lanzadas /abiertas
impronunciables.

Me celebro

el pequeño apetito
el hambre acérrima
que lleva la letra
hasta el temblor

esa verdad
que no pudieron arrancarme

los aires tan libres
que marchan en el poema
la algarabía memoriosa
las palabras que van en la ceniza
a congelar los miedos.

Donde pondrá la muerte su mirada

A la memoria de Eunice Odio.

He dejado mi cuerpo junto a la luz
y he cantado la tristeza de lo que nace
-Alejandra Pizarnik.

Repartiremos

ese adagio
flor
flor esta
del abismo
quién sueña lo blasfemo
y dice
quién
quién se aventura
sobre los ecos
y me adivina
quién me sueña
él.

que no me llamen,
porque estoy bajando al fondo de mi pequeñez,
a la raíz complacida de mi sombra
Eunice Odio.

Que no me llamen

la muerte está en su muerte.
La luz no es más que una profundidad
llena de vigilia y barro
un pozo de agua amarga
donde crezco /semilla.

Que me lleve la luz en su locura.
Que me lleven los odios
el frío eco de esas voces
en su forzosa caravana.

Aquí empieza mi soledad
en este pórtico   /en este aislamiento.
Que no me llamen
estoy como las rosas desordenando el aire
bajo el escombro silencioso de la luz
en la viviente soledad
rozada por el agua en su última alabanza.
Atrás quedan los golpes
los fingimientos
la lujuria sellada de la vida.

¿A dónde vamos, compañero, sin nada al sol?
Vamos a la sagrada forma que no duerme jamás;
al atareado aroma solitario, a la sangre…
Eunice Odio.

He entendido el fatal destino de esas luces
el sufrimiento solemne
las duras líneas que penetran
más allá de las vísceras.
Este verano
esta drupa es la lucidez de un niño
este consorcio /otra prolongación
el comienzo narrado
donde el hombre viste las palabras
donde la estación es viento
y planta milagros atroces.

Ahora que todo es temblor
un temblor espigado sobre los vértigos.
Ahora que la ciudad reza en el bullicio
y el miedo late en las palabras.
A dónde vamos compañero.
La soledad es la única certeza
y nos desampara.
La soledad sería esta ceguera que exhibimos
la ingravidez
los desmayos amontonados
los candores de la vieja vigilia
regando el lado absurdo de la muerte.

sola entre mi voz entera,
con una carga de ángeles menudos
Eunice Odio.

Vida respírame
acomoda el rastro en cada cicatriz
la falsa luz en su leprosa semilla.
Vísteme de deseo
que vaya a viciar la penumbra
el gesto sucio de demencia
la triste hora en su insípido silencio. |

Que la luz venga a incluirme
que me abrace
que libe mi ceniza y mi esperanza.
Que libe mi temblor
que me vuelva promesa
que agite esa serpiente sobre mí
que me canto
en las luces tranquilas del atardecer.

Ahora la verdad nos espantará
toda esa mímica de la vida
arrinconando el sol.
Aquí estan los púrpuras sosegados
los páramos en su incendio
esa verticalidad en su adorno de luz muerta.
La rosa en su marchita niebla de recordaciones.

97

Pero puedo abrirme como una flor
y saltar desde los ojos para verme
                    Eunice Odio.

Vístete de realeza cuerpo del alba

Qué flor /tu flor
en su barbarie íntima
abierta al sol
a esos soles que siguen
espigándose.
Tus ojos fijos en la belleza
en el poema
en esos días que son de Dios
y bajan como un torrente
a escribir el círculo de naufragios.

El tiempo es otra irrealidad
un pájaro
un temblor que sabe de la muerte.

Pero tú duermes el sueño sin lápida
ni epitafio
que sigue prolongándose
al fondo de un cielo inaplazable.

contra un perfil de rosa,
en el rincón más quieto de mis párpados
Eunice Odio.

Sigo en la hondura
en la huella luminosa y tiernísima del agua
prodigando
esa mortaja en su costra sensual
engullendo la muerte
en su floración
un atisbo de palabras únicas
que resplandecen bajo los rezos
y las migajas del verano.

Corza cruzando el féretro rencilloso de la luz.
Sigo incomplacida en la serenidad
en el congelante espacio de los ecos deformes.

Estas /las pasiones que escojo:
la ebriedad denuda del silencio
la poesía escrita con latidos.
La noche en su pequeña memoria
de abismos perdurables
donde se hunden las rosas
un espejismo
el despierto sonido de Dios.

aires de nacimiento me convocan,
¡ah, feliz muchedumbre de huesos en reposo!
Eunice Odio.

No estoy sola

la muerte canta en mí
una salutación.
Está la luz en sus migajas
los mercenarios cánticos.

Déjenme en este aire perfecto
en el diluvio amalgamado del crepúsculo
siguiente.

Déjenme agonizar
hasta la última esperanza.
No quiero cruces
ni un lugar de descanso.
Que no se detengan mis palabras
que mis cenizas rueden en el polvo
que sigan siendo torrente   /melodías
que sostengan todas las claridades.
Que la sal transfigurada de mi voz entera
siembre un nuevo lenguaje
que siga deshilando la oscuridad
el larguísimo aposento de la sombra.

Al borde estoy de herirme y escucharme
Ahora que me lleno de retoños y párpados tranquilos.
Eunice Odio.

También me vi
el tramo de memoria vacía
la vigilia atroz.

Ahora que responde la piedad
que me veo la albura de párpados y noches
en sus múltiples retoños.
Ahora que entendí la plenitud
que mueve los silencios.
Que gime en su infortunio
el último secreto de la sangre.
Estoy apacentando las hogueras
un mar sin forma.
La soledad en su bestial consorcio
de incorduras.

El corazón en su espiga de niebla
crece como la tarde en las sombras reunidas.
Vigilo que no regrese esa lluvia de ceniza
la oscuridad en su tromba de catástrofes.

La verdad   /tu verdad
qué proeza
qué desorden de dioses
dispersándose
sobre las soledades.

En medio de la desolación
el nuevo impulso
la semejanza del latido
la voz lanzada
sobre todos los cielos.

Y te quedabas
frágil como esas barcazas
que terminan hundiéndose
en el paisaje inmóvil de la lluvia
organizando un sol

También tengo heridas llenas de palabras
cáscara y cáscara para guardar el aire
la neblina pestilente del deseo.

Que numerosa era mi soledad
también en ella he sido roca /exilio   /isla
la sujeto a mi noche
a la pureza del agua sola que sabe lustrarse
que mide a los muertos con una palabra.

Un hacha viene a podar el corazón
las brújulas que van sin norte
auras que van en su desboque apocalíptico
en su masacre.

Qué vena nutrirá la memoria
esta isla que nunca fue mi casa
esta ciudad que es hoy
la sombra crecida del árbol de la muerte.

Y vamos
de mentira en mentira

porque la mentira lleva también su eternidad

y nosotros pasamos
de un cubículo a otro
repitiéndola

como para no aburrirnos
para que duela menos la existencia

pero al final somos mentira
mentira siempre
tratando de disfrazar la muerte
que es la única verdad.

Que no me aten el poema
al músculo pasivo de la tarde.

Que no se roben mi horizonte
ni la corriente náufraga
de los que van sin brújula.

Que rabie mi deseo
sobre el desorden de la luz.

Voces vacías de voces
alimentan mi discurso
donde se hunden
el ruidoso perfil de la rosa
las huérfanas madejas
de la oscuridad.

Sin él
en esta simulación
grotesca
que enmudece las palabras
el ruego.

En este estar desesperado
donde exhibe la sombra
los tréboles terribles
la carcoma hiriente
que nos corona culpables.

Y tanta vida derramándose
los mismos ecos
ese holocausto íntimo
del poema
en su insondable abismo.

Poesía este es mi temblor
mi enojo acorralado
este es el sitio de escape
el cuerpo que se abre
a la contemplación.

Qué enigma tocamos en la tarde
qué tiempo lúcido
traspasado.

Se hará la hora irremediable
bordearemos el discurso hiriente
enfundados en un sol de todos
reciclaremos las orillas
de la isla
los crepúsculos que arden
en su ponzoña viva.

Y los días no están lo suficientemente llenos,
y las noches no están lo suficientemente llenas,
y la vida pasa como un ratón de campo, sin agitar la hierba.
Ezra Pound

Aquí hay otra metralla
días que van escribiendo
la glosa interminable
un tiempo lustroso
en su caída.

Y la ciudad en el bestial milagro
en su ruinoso soplo de ingratitudes.
Aquí sigue lo infértil
silencios llenos de silencios
de tormentas finales.

Piedras extrañas estas palabras
que construyen un reino
el refulgente resplandor
de las significaciones.

Seguimos

ese corpúsculo de iluminación
que rueda en el verso
esas serenidades que llevan
hasta el soplo de Dios.

Y seguimos
el pálpito de la luz circundante
la envergadura triunfal
oteando su clarísima estrella
un atisbo de esperanza
sobre el candor envejecido
de la muerte.

Tuyos los cánticos
los memorables cánticos
la llama viva como ofrenda
de recordación
los versos límpidos
la carcoma
el trazo azul aglomerado
del silencio
donde se asoma Dios.

Nadie responde ahora
está el grito creciendo
las cicatrices

en la espiral de tus ojos
la plenitud

el siempre
la oscuridad saturada de imágenes
y vértigos.

Y tanta luz
tantas minucias
la rosa inmóvil
el destino de tinta
que nos alcanza Eunice
el odio en su odio
disfrazado
el abandono.

Laberintos que siguen abriéndose
frágiles fantasma sobre las luces
Rodando al aposento de la sombra
tanto verano /y sol /y olvido.

A José Hugo Fernández.

No te prodigues /dijo
deja una línea de silencio
borra la luz que abunda
el ripio de tantas aflicciones.

Desapréndete.
Hazte signo.
En la luminosidad del verbo
sigue la noche en su temblor
y luciérnaga
en su discurso muerto.

Deja una migaja de lluvia
para el pájaro
un concierto fecundo.

La luz es como la muerte

desampárate
no te prodigues
baja un poco a la sombra
que Dios sea puñal
que su corte incinere
la costra fecunda y despoblada
el señuelo primero de la felicidad.

Biografía

Odalys Interián (La Habana, 1968), poeta, narradora y crítica cubana residente en Miami, dirige la editorial Lyrics & Poetry Editions, es miembro de la Asociación Internacional de Poetas y Escritores Hispanos e instructora del Taller de Creación Poética del Centro de Instrucción para la Literatura y el Arte, en Miami. Entre sus publicaciones están los poemarios: Respiro invariable (La Habana, 2008), Salmo y Blues (Miami, 2017), Sin que te brille Dios (Miami, 2017), Esta palabra mía que tú ordenas (Miami, 2017), y Atráeme contigo, en colaboración con el poeta mexicano Germán Rizo (Oregón, 2017). Sus ensayos literarios aparecen en Acercamiento a la poesía (Miami, 2018). En su actual ciudad de residencia ha sido premiada con el de poesía en el prestigioso Concurso Internacional Facundo Cabral 2013 y en el certamen Hacer Arte con las Palabras 2017; obtuvo primera mención en el I Certamen Internacional de Poesía "Luis Alberto Ambroggio" 2017 y tercera mención en el mismo concurso de 2018. Fue merecedora del segundo premio de cuento de La Nota Latina 2016. Su obra poética y narrativa ha aparecido en revistas y antologías de varios países. Recientemente ha obtenido Premio Internacional 'Francisco de Aldana' de Poesía en Lengua Castellana (Italia) 2018. Recientemente, premio en el concurso Dulce María Loynaz, 2018 en la categoría Exilio.

www.ingramcontent.com/pod-product-compliance
Lightning Source LLC
Chambersburg PA
CBHW032141040426
42449CB00005B/347